코딩에 관심이 있다

게임 리그에 나가서 우승하고 싶다

프로게이머

게임 기획자

게임할 때 사람들과 대화하는 게 재미있다

프로그래머

게임의 배경이나 캐릭터를 그려 보고 싶다

게임 마케터·운영자

한 가지 일에 오래 집중하는 편이다

그래픽 디자이너

게임 음악에 관심이 많다

사운드 디자이너

글쓴이 **강지혜**
서울예술대학교와 한국예술종합학교에서 문학을 공부했습니다.
재미없는 글을 쓸 바에는 키보드를 만지지 않겠다는 마음으로 어린이 책을 쓰고 있습니다.
〈오 마이 갓! 어쩌다 사춘기〉 시리즈, 《과 감 한 반려동물 키우기》, 《과 감 한 반려식물 키우기》 등에 글을 썼습니다.
이 책은 특히 게임 회사에서 게임 기획자로 일했던 경험을 되살려 무척 즐겁게 작업했습니다.

그린이 **노준구**
대학에서 광고커뮤니케이션디자인을, 영국으로 건너가 일러스트레이션을 공부했습니다.
지금은 일러스트레이션 작업과 소규모 출판을 하는 디자인 스튜디오 '베란다'를 운영하고 있습니다.
《비트월드》, 《노벨의 과학 교실》, 《찬이가 가르쳐 준 것》 등에 그림을 그렸습니다.

감수 **㈜넥슨코리아**
1994년 설립된 넥슨은 대한민국 온라인 게임 산업을 선도해 온 글로벌 게임 업체입니다.
1996년 '바람의나라'를 선보이며 그래픽 온라인 게임의 장을 열었으며, 이후
'크레이지아케이드 비엔비', '카트라이더', '메이플스토리' 등을 선보이며 게임 산업의
붐을 이끌었습니다. 현재 전 세계 190개 이상의 나라에서 약 90여 종의 게임을 서비스하고 있습니다.

어린이 사회 체험 시리즈 ①
게임 회사에서는 하루 종일 게임만 할까?

글쓴이 강지혜
그린이 노준구
감수 ㈜넥슨코리아

1판 1쇄 발행 2019년 12월 18일
1판 2쇄 발행 2021년 10월 1일

펴낸이 김영곤 **키즈융합부문 이사** 신정숙 **키즈사업본부장** 김수경
키즈1팀장 강지하 **기획편집** 홍희정 오지애 **디자인** 박지영 권빈
마케팅본부장 변유경 **마케팅** 김영남 문윤정 구세희 이규림 고아라 | 김세경 최예슬 이해림 황혜선
영업본부장 김창훈 **영업** 임우섭 김유정 송지은 | 이경학 오다은 김소연 | 허소윤 윤송 이광호 정유진 진승빈 김현아
해외기획 정영주 **제작** 이영민 권경민

펴낸곳 (주)북이십일 을파소
출판등록 2000년 5월 6일 제406-2003-061호
주소 (우 10881) 경기도 파주시 회동길 201(문발동)
대표전화 031-955-2100 **팩스** 031-955-2177
홈페이지 www.book21.com

ISBN 978-89-509-8468-7
ISBN 978-89-509-8469-4(세트)

* 책값은 뒤표지에 있습니다.
* 이 책 내용의 일부 또는 전부를 재사용하려면 반드시 (주)북이십일의 동의를 얻어야 합니다.
* 잘못 만들어진 책은 구입하신 서점에서 교환해 드립니다.

* 제조사명: ㈜북이십일
* 주소 및 전화번호: 경기도 파주시 회동길 201(문발동) / 031-955-2100
* 제조연월: 2021.10.01.
* 제조국명: 대한민국
* 사용연령: 5세 이상 어린이 제품

그림으로 만나는 직업의 세계
어린이 사회 체험 시리즈

게임 회사에서는 하루 종일 게임만 할까?

강지혜 글 | 노준구 그림 | (주)넥슨코리아 감수

을파소

게임 회사는 어린이부터 어른까지 누구나 즐길 수 있도록 새로운 게임을 만드는 곳이에요. 머릿속에 떠오른 아이디어를 수많은 사람이 열광하는 게임으로 만들기 위해 도전하는 사람들이 모여 있지요.
자, 그럼 게임 회사에서 일하는 다양한 사람들을 만나 볼까요?

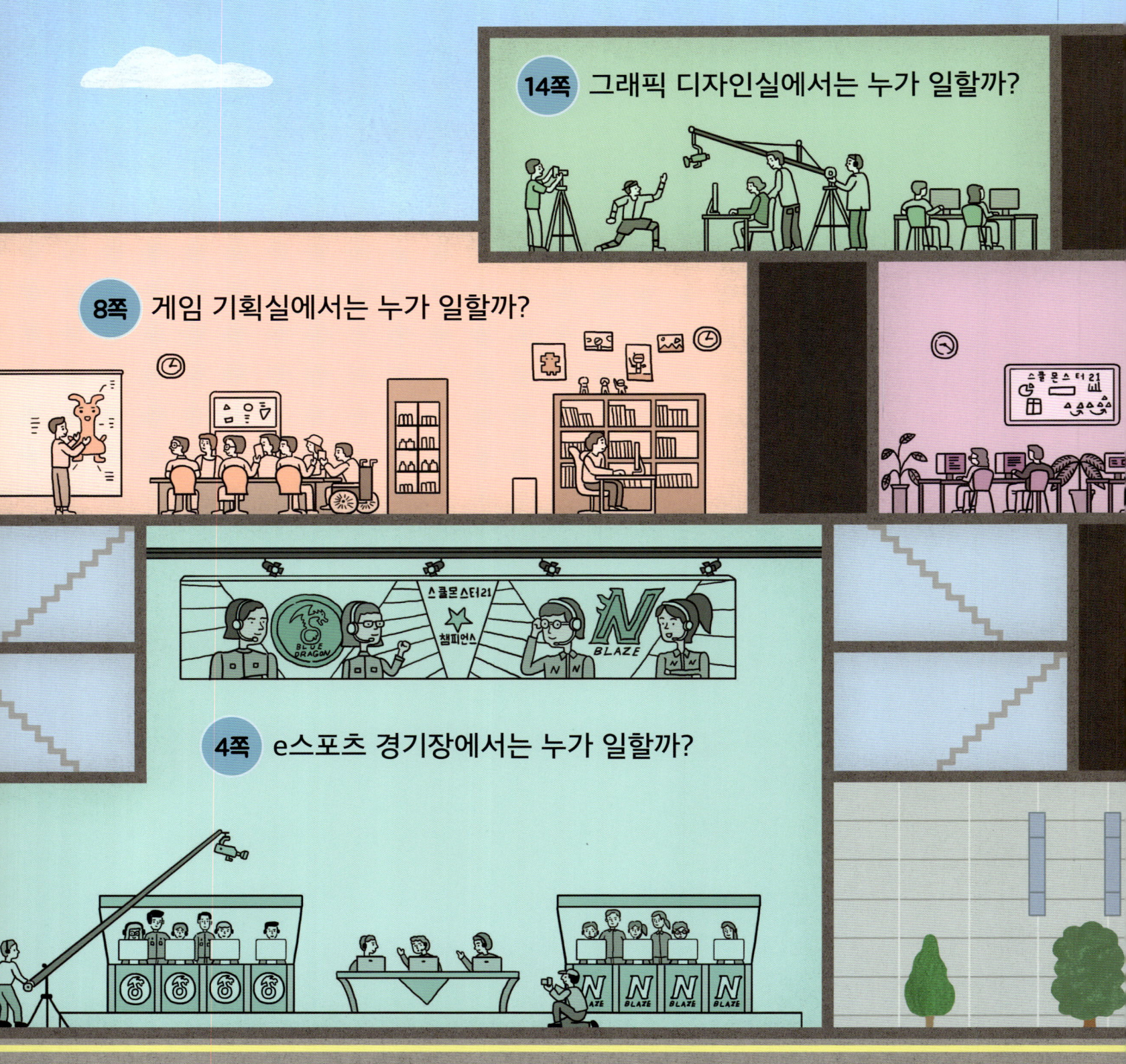

14쪽 그래픽 디자인실에서는 누가 일할까?

8쪽 게임 기획실에서는 누가 일할까?

4쪽 e스포츠 경기장에서는 누가 일할까?

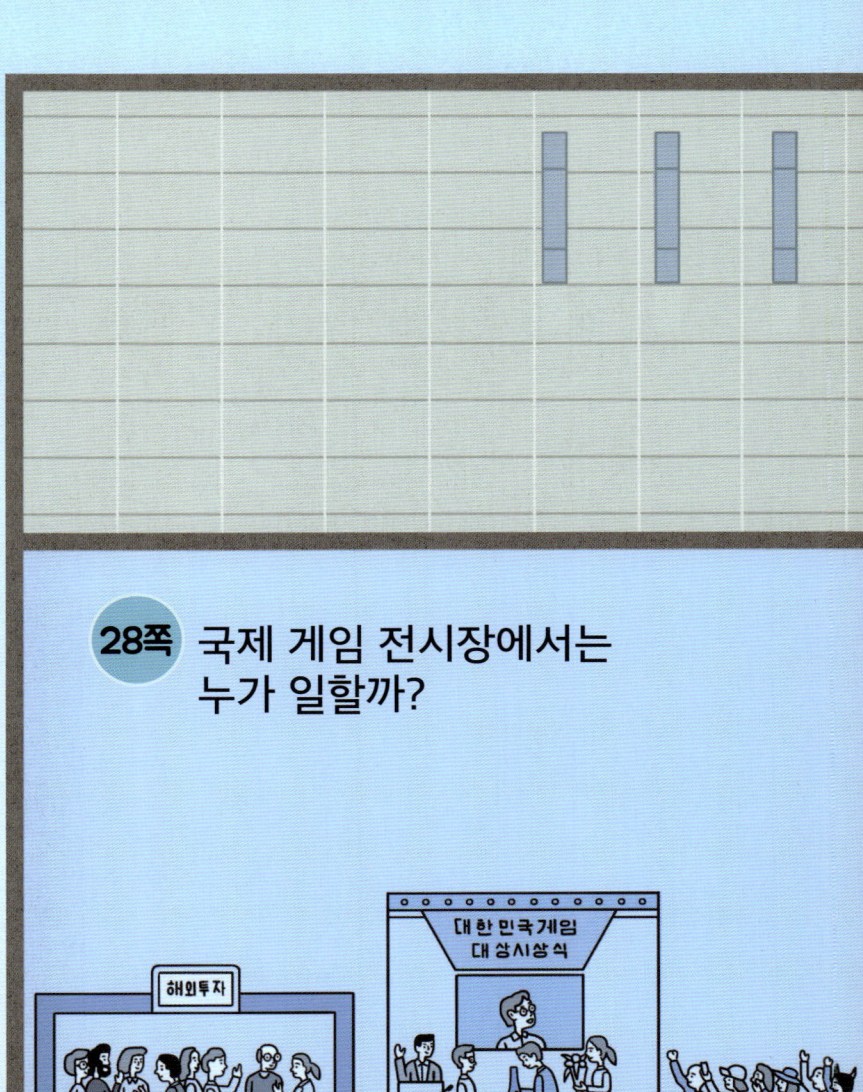

18쪽 사운드 스튜디오에서는 누가 일할까?

22쪽 게임 프로그래머실에서는 누가 일할까?

28쪽 국제 게임 전시장에서는 누가 일할까?

e스포츠 경기장에서는 누가 일할까?

e스포츠 경기장은 게임 리그가 열리는 곳이에요.
수많은 관중들이 프로게이머들의 경기를 직접 관람하기 위해 이곳에 모이지요.
e스포츠 경기장에서는 게임을 진행하고, 중계하기 위해 다양한 사람들이 일해요.
지금 프로게이머들이 관객의 열띤 응원을 받으며 경기를 치르고 있네요.
함성과 열기로 가득 찬 e스포츠 경기장을 살펴볼까요?

e스포츠 전용 부스
프로게이머가 경기하는 자리예요.

프로게이머

게임 해설가
프로게이머들의 전략과 게임 상황을 시청자에게 설명해요.

방송실
게임 리그를 생중계할 수 있는 시설을 갖추고 있어요.

게임 기자
새로운 게임이나 프로게이머의 활약을 담은 리그 소식 등을 널리 알려요.

관객 사이에 몰래 숨어든 몬스터 세 마리를 찾아보세요.

 정답은 책 맨 뒤에서 확인하세요.

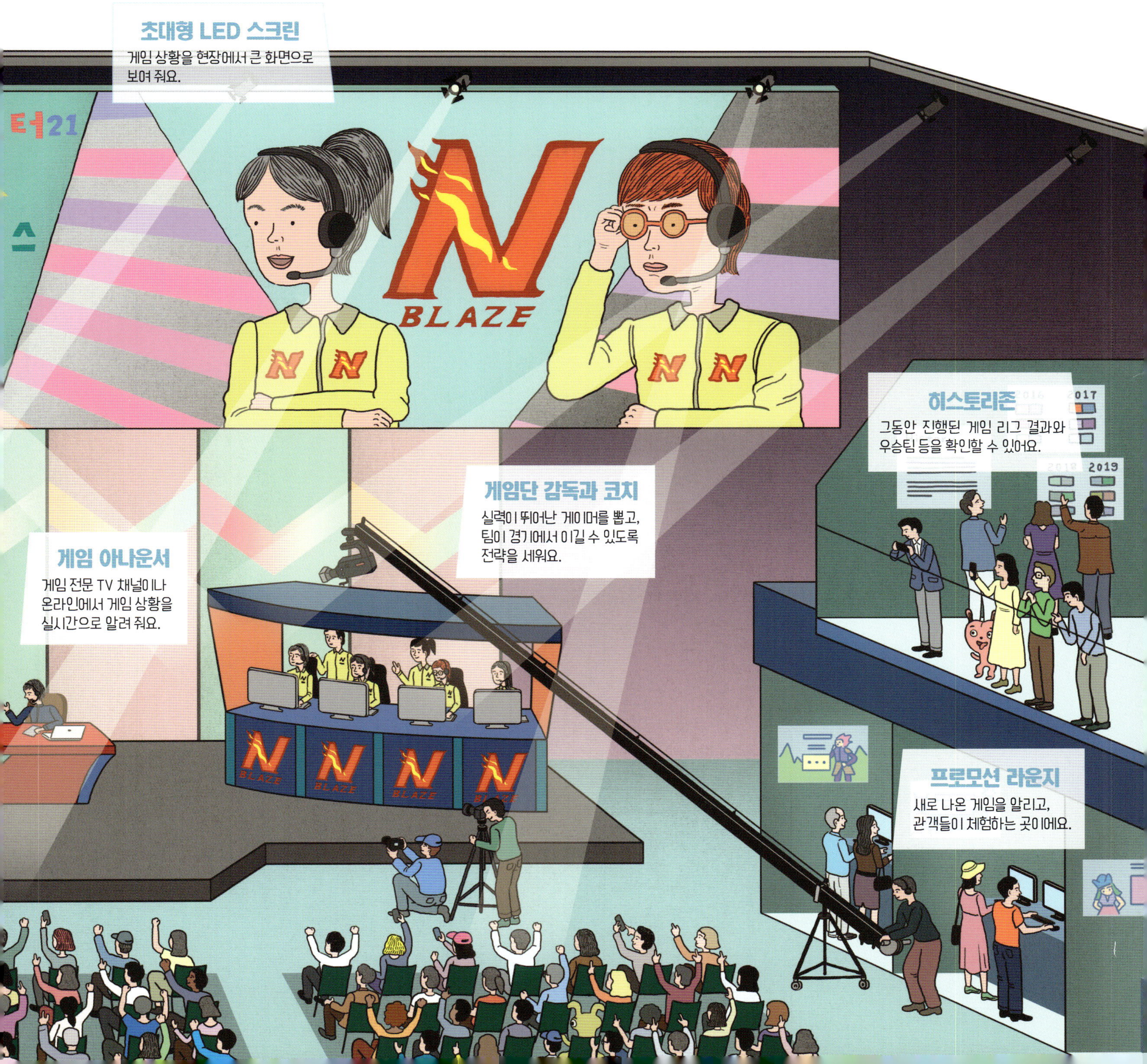

초대형 LED 스크린
게임 상황을 현장에서 큰 화면으로 보여 줘요.

게임단 감독과 코치
실력이 뛰어난 게이머를 뽑고, 팀이 경기에서 이길 수 있도록 전략을 세워요.

게임 아나운서
게임 전문 TV 채널이나 온라인에서 게임 상황을 실시간으로 알려 줘요.

히스토리존
그동안 진행된 게임 리그 결과와 우승팀 등을 확인할 수 있어요.

프로모션 라운지
새로 나온 게임을 알리고, 관객들이 체험하는 곳이에요.

프로게이머

프로게이머는 게임에 대한 전략과 기술을 익혀, 전문적으로 게임을 하는 선수예요. 기업에서 운영하는 게임단이나 한국e스포츠협회에 소속되어 일하지요. 게임 리그에 출전해 실력을 겨루는데, 우리나라 프로게이머들은 특히 세계적으로 우수한 성적을 내고 있답니다. 그럼, 프로게이머가 하는 일을 좀 더 알아볼까요?

열심히 게임하며 훈련해요

평소에도 꾸준히 게임을 하며 실력을 갈고닦아요. 다른 프로게이머가 게임하는 영상을 보며 분석하는 것도 중요한 일과지요.

다양한 게임 리그에 참가해요

프로게이머의 목표는 게임 리그에서 우승하는 거예요. 게임단 감독, 팀원들과 함께 전략을 짜고, 대회가 열리면 개인전과 팀전 등 다양한 방식으로 경기를 치르지요.

자신을 응원하는 팬들과 만나요

실력이 뛰어난 프로게이머들은 인기가 아주 많아요. 사인회를 열거나 각종 행사에서 팬들과 만나서 소통하지요.

프로게이머가 되는 법

프로게이머가 되려면 기업에서 운영하는 게임단에 발탁되거나 공식 오디션을 거쳐 입단해야 해요. 감독과 코치의 도움을 받아 실력을 키운 다음 프로게이머가 되어서 게임 리그에 나가지요.

나는 프로게이머입니다!

그래픽 카드
컴퓨터에서 만들어진 데이터를 영상 신호로 바꾸고 모니터로 전달하는 장치예요.

컴퓨터
용량이 큰 게임도 안정적으로 할 수 있게 높은 사양을 갖추고 있어요.

게임용 마우스
단축키 버튼이 있고, 정확도를 조절할 수 있어요.

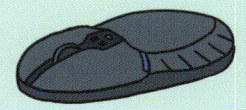

게임용 모니터
게임 화면을 선명하고 끊김 없이 보여 줘요.

헤드셋
게임 사운드를 들으면서 동료 선수와 대화할 수 있어요.

게임용 키보드
입력 신호를 보다 빠르게 전달해요.

게임용 의자
목과 허리를 받치는 쿠션이 있어요.

손목 보호대
오랜 시간 게임해도 손목에 무리가 가지 않게 해 줘요.

도전!  두 손을 동시에 자유롭게 쓰면 게임할 때 도움이 돼요.
한 손에 연필을 하나씩 쥐고 점선을 따라 동시에 몬스터 얼굴을 그려 보세요.

왼손   오른손

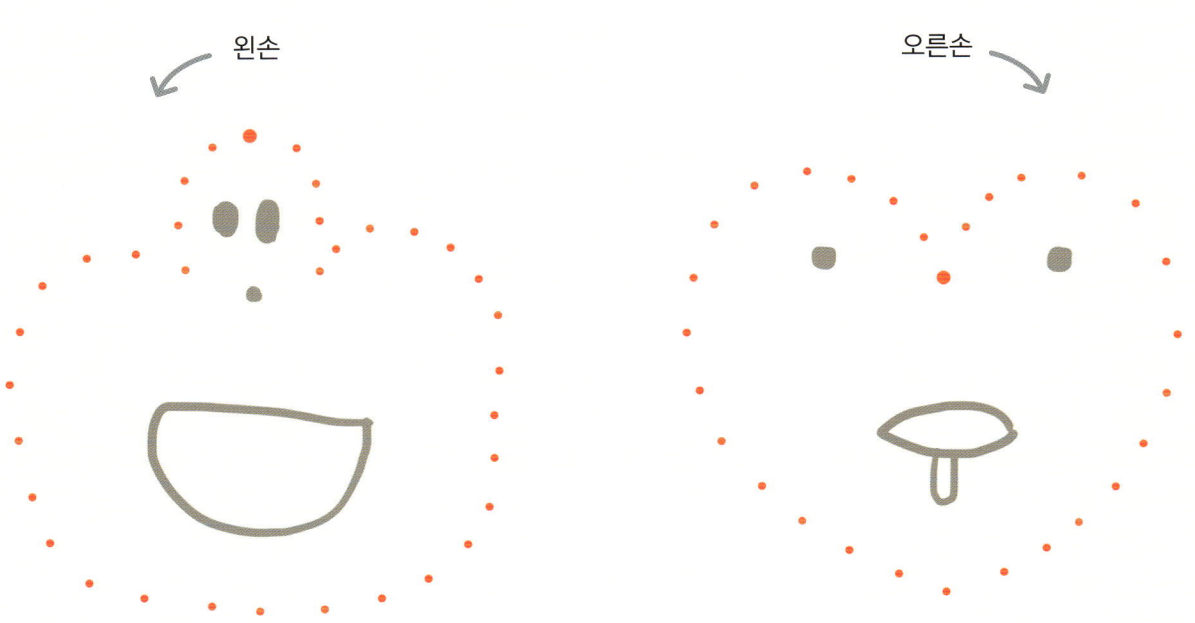

게임 기획실에서는 누가 일할까?

게임 기획실은 어떻게 하면 재미있는 게임을 만들 수 있을지 고민하고 연구하는 곳이에요. 게임 기획자와 시나리오 작가들이 모여 아이디어를 떠올리고, 회의를 하면서 기획안을 만들지요. 지금 게임 기획자와 시나리오 작가들이 새로운 게임을 만들기 위해 바쁘게 일하고 있네요.

회의실 - 게임 기획자들이 모여 기획안을 만들며 의견을 나눠요.

빔 프로젝터 스크린 - 기획안 내용을 커다란 화면에 띄우고 함께 살펴봐요.

화이트보드 - 여러 가지 아이디어를 적고, 그중에 좋은 의견을 발전시켜요.

컴퓨터, 노트북 - 기획안 내용과 회의에서 나온 의견들을 정리해요.

게임 기획자

아이디어 노트, 필기구 - 그때그때 떠오르는 아이디어를 적어 둬요.

게임 기획자

게임 기획자는 어떤 게임을 어떻게 만들지 전체적인 계획을 세워요.
맨 처음 아이디어를 떠올리는 것부터 게임이 나오기까지 모든 과정을 관리하지요.
그래서 다른 전문가들과 함께 작업을 하는 경우가 많아요.
게임 기획자가 하는 일을 좀 더 살펴볼까요?

아이디어를 모아요

게임의 장르를 정하고, 어떤 게임을 만들지 밑그림을 그려요. 캐릭터와 아이템, 주된 이용 대상, 난이도, 그래픽 수준 등을 고려하지요. 어떤 스킬을 사용하며, 어떤 보상을 얻을지 규칙도 정해요.

기획안을 만들어요

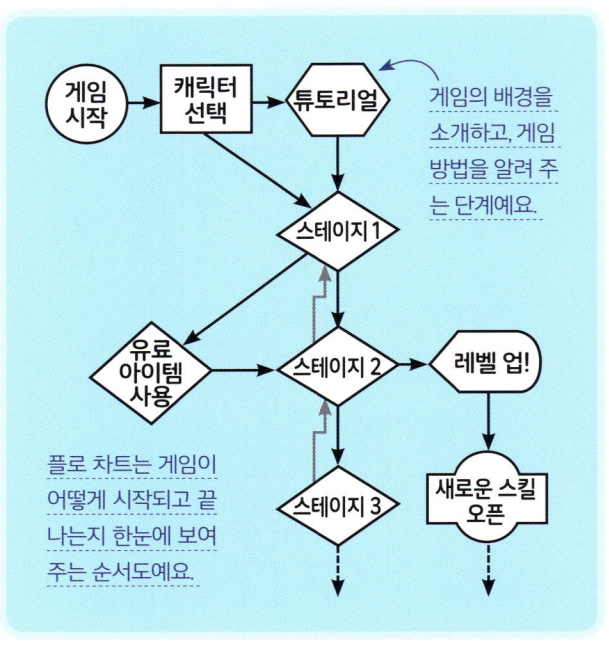

플로 차트는 게임이 어떻게 시작되고 끝나는지 한눈에 보여 주는 순서도예요.

게임의 배경을 소개하고, 게임 방법을 알려 주는 단계예요.

게임 방식, 이용자, 제작 기간, 비용, 마케팅 방법 등을 정리해서 기획안을 만들어요. 게임의 흐름을 보여줄 때는 플로 차트를 활용하면 편리하지요.

시나리오 작가와 회의해요

게임 속 캐릭터들이 살아가는 세계의 시간, 장소 등의 배경과 게임의 스토리, 캐릭터의 특징에 대해 자세하게 의논해요.

게임 프로젝트를 이끄는 사람은 누굴까?

게임 프로젝트의 리더를 PD(Producer Director, 프로듀서 디렉터)라고 해요. PD는 게임을 만드는 단계별로 일이 제대로 진행되고 있는지 일정과 내용을 확인하지요. 기획자만 PD를 맡는 것은 아니에요. 프로젝트의 성격에 따라 달라지기도 한답니다.

그래픽과 사운드에 대해 회의해요

그래픽 디자이너와 사운드 디자이너를 만나 게임의 배경과 캐릭터, 각 장면의 분위기 등을 어떻게 표현할지 의논해요. 게임을 이용하는 사람들이 최대한 몰입해서 즐길 수 있도록 화면과 소리를 구상하지요.

게임의 균형을 맞춰요

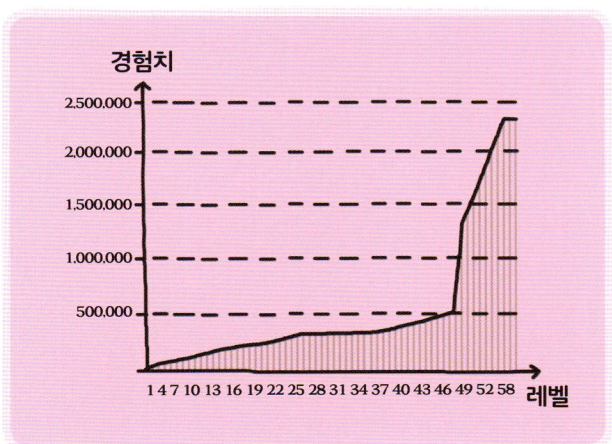

프로그래머와 의논해 게임의 난이도를 조정해요. 게임을 많이 할수록 새로운 기능과 맵이 열리도록 레벨을 조정하고, 사용자들의 게임 유형을 분석하기도 하지요.

게임 리그를 기획해요

〈스쿨 몬스터 21〉 게임 리그 기획서

- **일시**: 예선전) 10월 ◇◇일~10월△△일
  결승전) 11월 □□일
- **장소**: 예선전) 전국 20개 지역별로 토너먼트 진행
  결승전) 넥슨 아레나
- **게임방식**: 3인 1조 / 3전 2선승제 / 토너먼트 진행
- **참가 인원**: 약 2만 명
- **상금**: 1위 30,000,000원
  2위 20,000,000원
  3위 12,000,000원

새로운 게임을 널리 알려요. 보다 많은 사람들이 게임을 즐길 수 있도록 마케터와 함께 게임 리그나 이벤트를 기획하지요.

게임의 종류는 어떻게 나눌까?

- **아케이드 게임**: 게임 기기가 설치된 오락실에서 주로 즐겨요. 슈팅, 액션, 스포츠 게임 등이 있지요.
- **시뮬레이션 게임**: 가상 현실을 배경으로 체험해 볼 수 있게 하는 게임이에요. 비행, 건설, 전략 등으로 나뉘지요.
- **롤플레잉 게임**: 게임 속에서 주어진 임무를 해결하며 캐릭터를 키워 나가는 게임이에요.

시나리오 작가

시나리오 작가는 게임의 전체적인 스토리와 캐릭터의 대사를 만드는 사람이에요.
게임 스토리가 재미있을수록 게임을 즐기려는 사람이 많아지지요.
시나리오 작가가 게임을 어떻게 흥미진진하게 만드는지 살펴볼까요?

시나리오를 짜요

게임의 전체적인 스토리를 떠올리고, 이를 정리한 대본인 시나리오를 만들어요.
시나리오에는 게임의 배경을 설명하는 세계관, 캐릭터의 성격, 게임에 등장하는 대사 등이 담겨 있지요.

#1 XX초등학교 운동장. 아이들이 축구를 하고 있다. 아이1이 드리블을 하다가 슛을 날린다. 축구공이 골대를 향해 날아간다.

#2 갑자기 골대에서 엄청난 빛이 쏟아진다. 아이들은 눈을 가린다.

#3 아이1 : 눈이 부셔. 무슨 일이지?
아이2 : 축구공이 사라졌어!

#4 사라졌던 축구공이 반대쪽으로 날아오고, 아이1이 그 공에 맞아 쓰러진다. 놀란 아이들이 아이1을 둘러싸는데…….

#5 빛을 뚫고 나타나는 몬스터들!
처음엔 작고 귀여운 공룡 같은 외모지만, 입을 열자 불이 뿜어져 나온다.

#6 몬스터 : 크와와와와왕!
아이들 : 으아악! 괴, 괴물이다! 도망쳐!

스토리보드를 짜요

스토리보드는 게임 속 중요한 장면을 영상으로 만들기 위한 밑그림이에요.
간단한 그림이나 사진 등을 이용해 게임 영상을 어떻게 만들 것인지를 보여 주지요.

1) 평범하고 조용한 놀이터의 모습(그네, 시소, 미끄럼틀). 아이와 몬스터가 대치하고 있다.

2) 몬스터가 불을 뿜으면서 다가가자, 아이가 소리를 지른다.

3) 그때, 헌터가 등장!

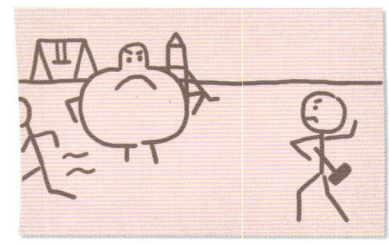

4) 아이는 도망가고, 몬스터와 헌터가 서로 맞선다.

5) 헌터가 허리에 차고 있던 무기(빗자루)로 몬스터를 겨눈다.

6) 몬스터의 화난 얼굴 클로즈업. 이때 '스테이지를 시작하시겠습니까?'라는 문구가 화면에 뜬다.

퀘스트를 만들어요

퀘스트는 게임에서 목표를 이루기 위해 실행해야 하는 임무예요. 게임 이용자는 주어지는 퀘스트를 해결하며 레벨을 높여 가지요.

 여러분은 게임 기획자입니다.
몬스터가 등장하는 게임의 기획안을 간단히 써 보세요.

게임 제목	이용자의 상상력을 자극할 만큼 짜릿하고 멋진 제목을 지어 보자!
줄거리	내 머릿속에서 이런 줄거리가 생각나다니! 재밌는 줄거리를 써 볼까?
게임 종류	만들고 싶은 게임 장르에 동그라미로 표시하자. 아케이드 게임 / 시뮬레이션 게임 / 롤플레잉 게임
주인공	몬스터를 가장 많이 잡을 주인공은 과연 누굴까? 생각해 보자. 이름 특징

퀘스트와 완료 보상

몬스터 사냥 스킬을 높여 주는 퀘스트를 만들어 보자.

퀘스트 1	퀘스트 2	퀘스트 3
몬스터가 남긴 발자국 3개를 찾아보세요.		

퀘스트를 무사히 해결했을 때 줄 선물을 생각해 보자.

완료 보상 1	완료 보상 2	완료 보상 3
황금 빗자루 1개		

예시는 책 맨 뒤에서 확인하세요.

그래픽 디자인실에서는 누가 일할까?

그래픽 디자인실은 게임에 나오는 모든 화면을 만드는 곳이에요. 게임 속 캐릭터와 배경을 주로 그리고 디자인하지요. 캐릭터의 동작을 생생하게 표현하기 위해 사람의 움직임을 촬영하기도 해요. 지금 모션 캡처 스튜디오에서 센서 달린 옷을 입은 배우가 몬스터의 움직임을 연기하고 있네요.

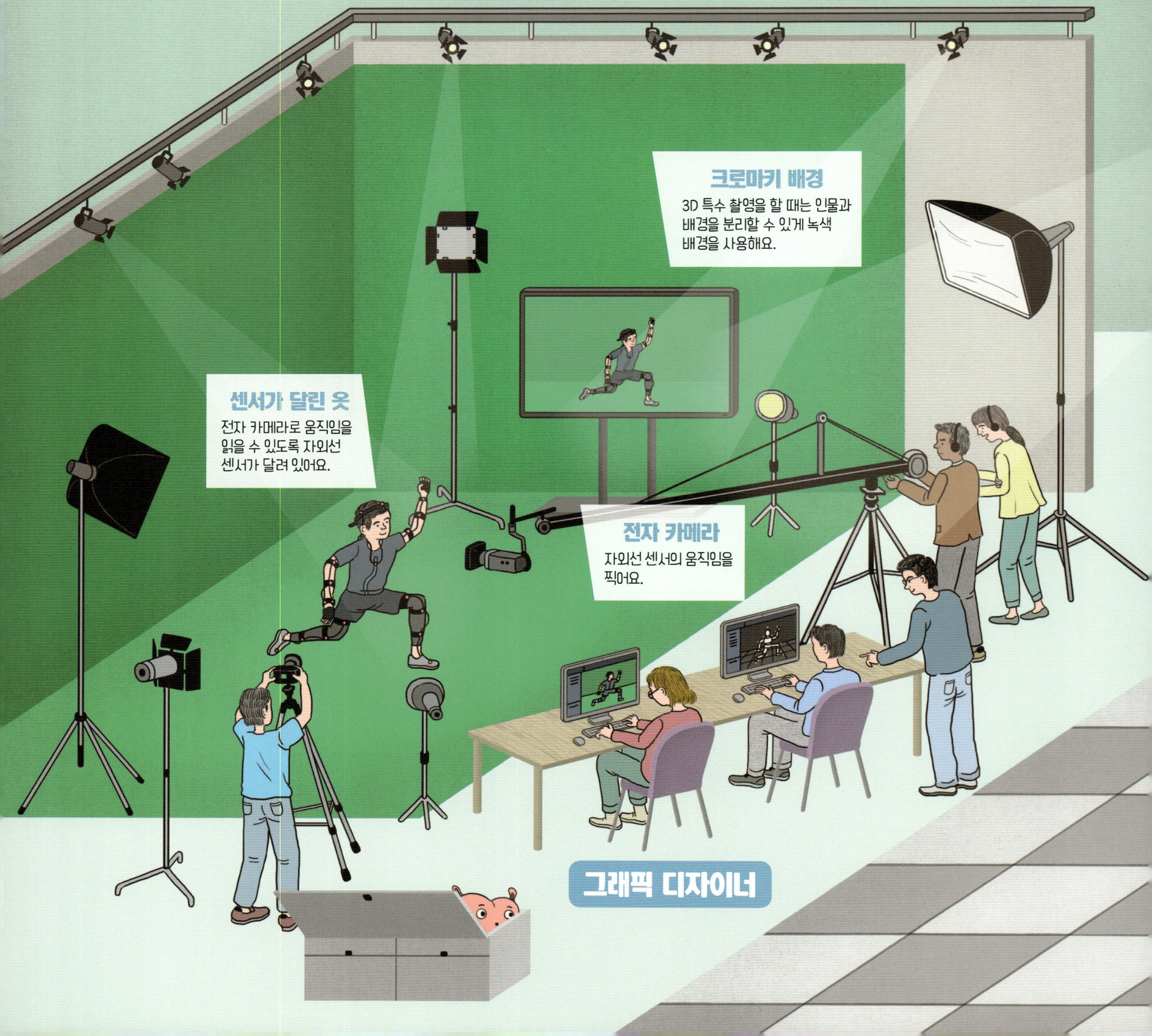

크로마키 배경
3D 특수 촬영을 할 때는 인물과 배경을 분리할 수 있게 녹색 배경을 사용해요.

센서가 달린 옷
전자 카메라로 움직임을 읽을 수 있도록 자외선 센서가 달려 있어요.

전자 카메라
자외선 센서의 움직임을 찍어요.

그래픽 디자이너

그래픽 디자이너

그래픽 디자이너는 게임 기획자와 시나리오 작가가 구상한 내용을 바탕으로 게임의 배경, 캐릭터, 아이템, 효과 등 이미지를 만들어요. 원화가, 3D 캐릭터 모델러, 애니메이터, UI 디자이너 등으로 나뉘지요. 다양한 작업을 하고 있는 그래픽 디자이너의 일을 좀 더 살펴볼까요?

원화를 그려요

원화는 바탕이 되는 그림이에요. 원화가는 게임에 등장할 캐릭터의 모습과 배경을 구상하고 그려요.

3D 형태로 만들어요

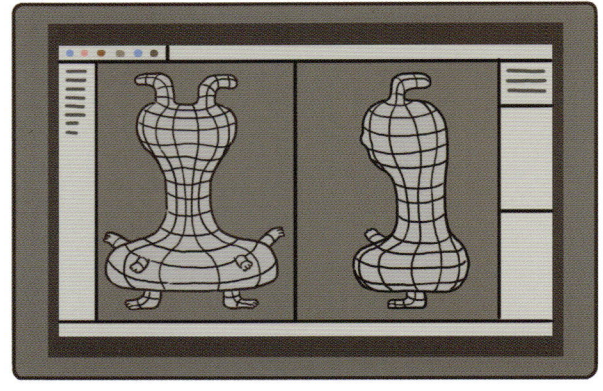

3D 캐릭터 모델러는 완성된 원화를 입체적인 3D로 디자인해요.

3D 이미지는 여러 면으로 이루어져 있어요. 각 면에 입체적으로 질감과 색을 입히는 것을 '맵핑'이라고 하지요.

캐릭터를 움직여요

애니메이터는 모션 캡처로 사람의 움직임을 딴 다음에, 3D 형태의 캐릭터가 자연스럽게 움직이도록 만들어요.

캐릭터의 이미지에 뼈대를 만들어 움직일 수 있게 만드는 것을 '리깅'이라고 해요.

UI를 디자인해요

UI 디자이너는 게임 화면의 메뉴와 대화창 등을 디자인해요. 사람들이 편리하게 게임을 즐길 수 있도록 꾸미지요.

UI는 컴퓨터나 모바일 기기를 조작할 때 나타나는 화면 구성이나 아이콘 등을 말해요. 사용자 환경이라고 하지요.

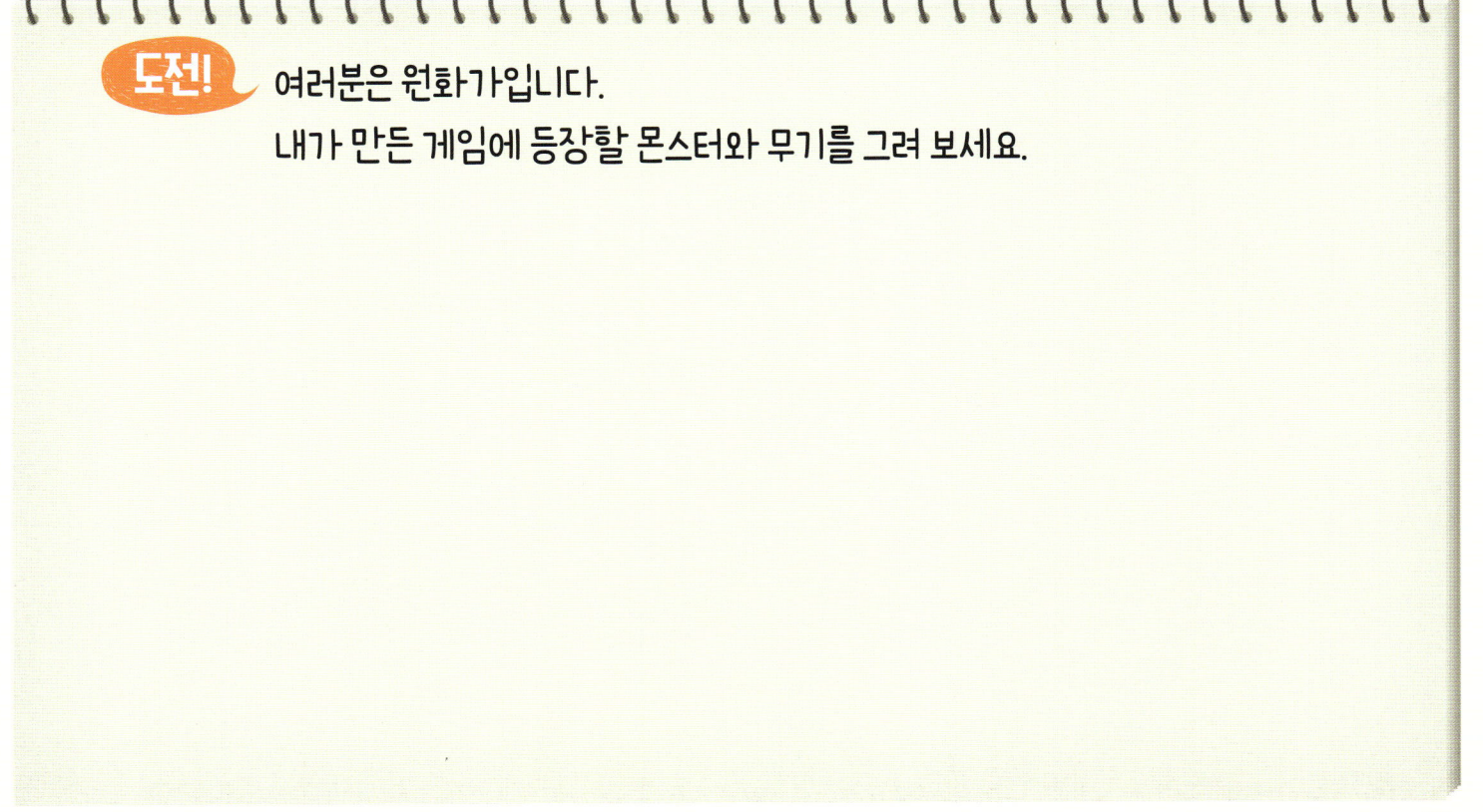

나는 그래픽 디자이너입니다!

게임 피규어
디자이너가 만든 게임 속 캐릭터가 상품으로 출시되기도 해요.

그림
참고할 만한 그림 자료를 붙여 두고 아이디어를 얻기도 해요.

컴퓨터
용량이 큰 3D 그래픽을 구현할 수 있는 높은 사양의 컴퓨터를 사용해요.

듀얼 모니터
모니터 두 대를 함께 이용하면 동시에 여러 가지 작업을 할 수 있어요.

드로잉북, 연필
드로잉북에 연필로 직접 스케치를 하기도 해요.

태블릿과 펜
태블릿에 전자 펜으로 그림을 그리면 모니터로 확인하고, 수정할 수 있어요.

도전! 여러분은 원화가입니다.
내가 만든 게임에 등장할 몬스터와 무기를 그려 보세요.

사운드 스튜디오에서는 누가 일할까?

사운드 스튜디오는 게임에 필요한 여러 가지 소리를 만드는 곳이에요.
사운드 디자이너는 컴퓨터를 사용하여 배경 음악을 편집하고,
성우의 목소리나 효과음을 녹음해 게임에 담기도 하지요.
지금 사운드 스튜디오에서 몬스터의 발자국 소리를 녹음하고 있네요.

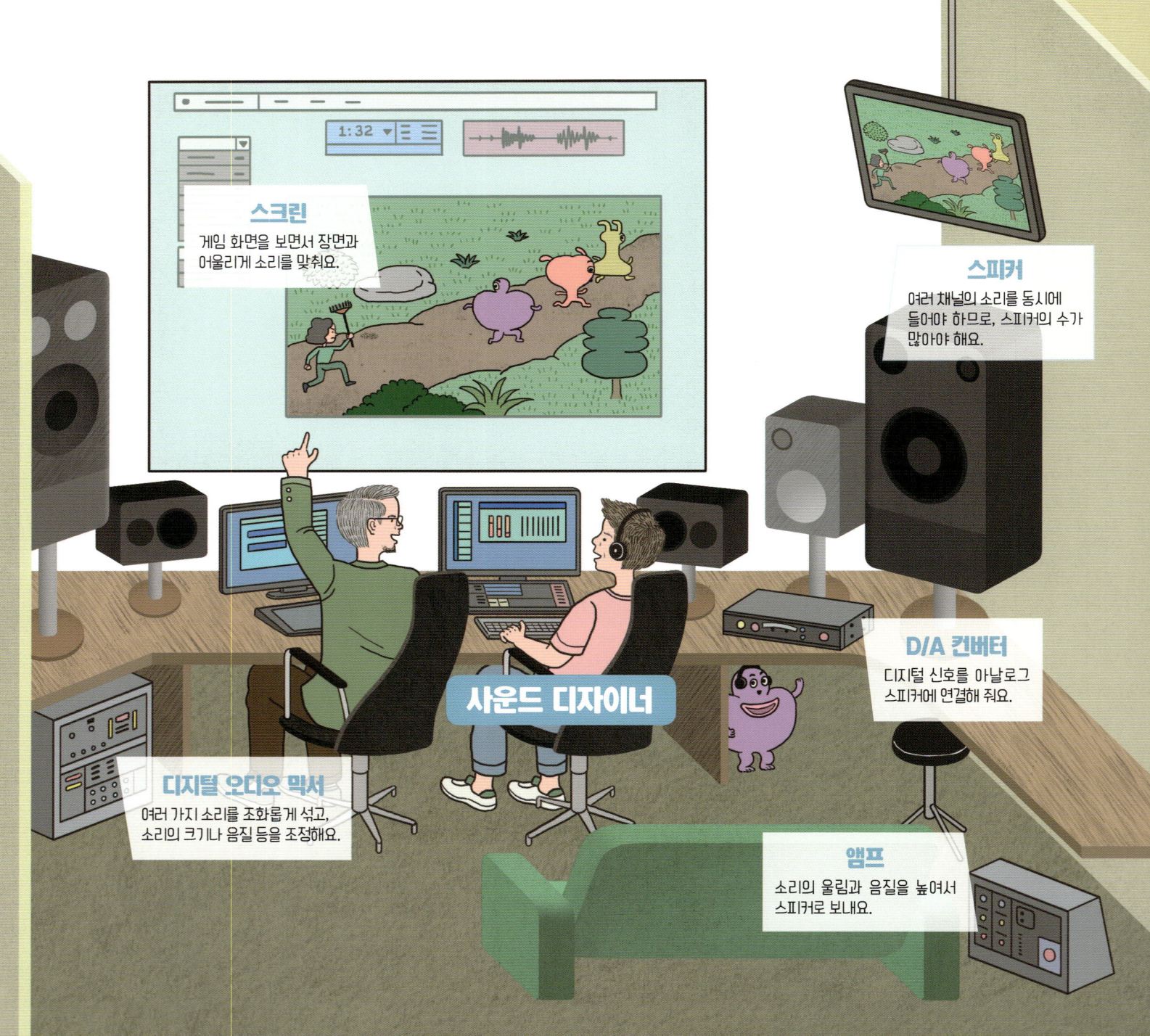

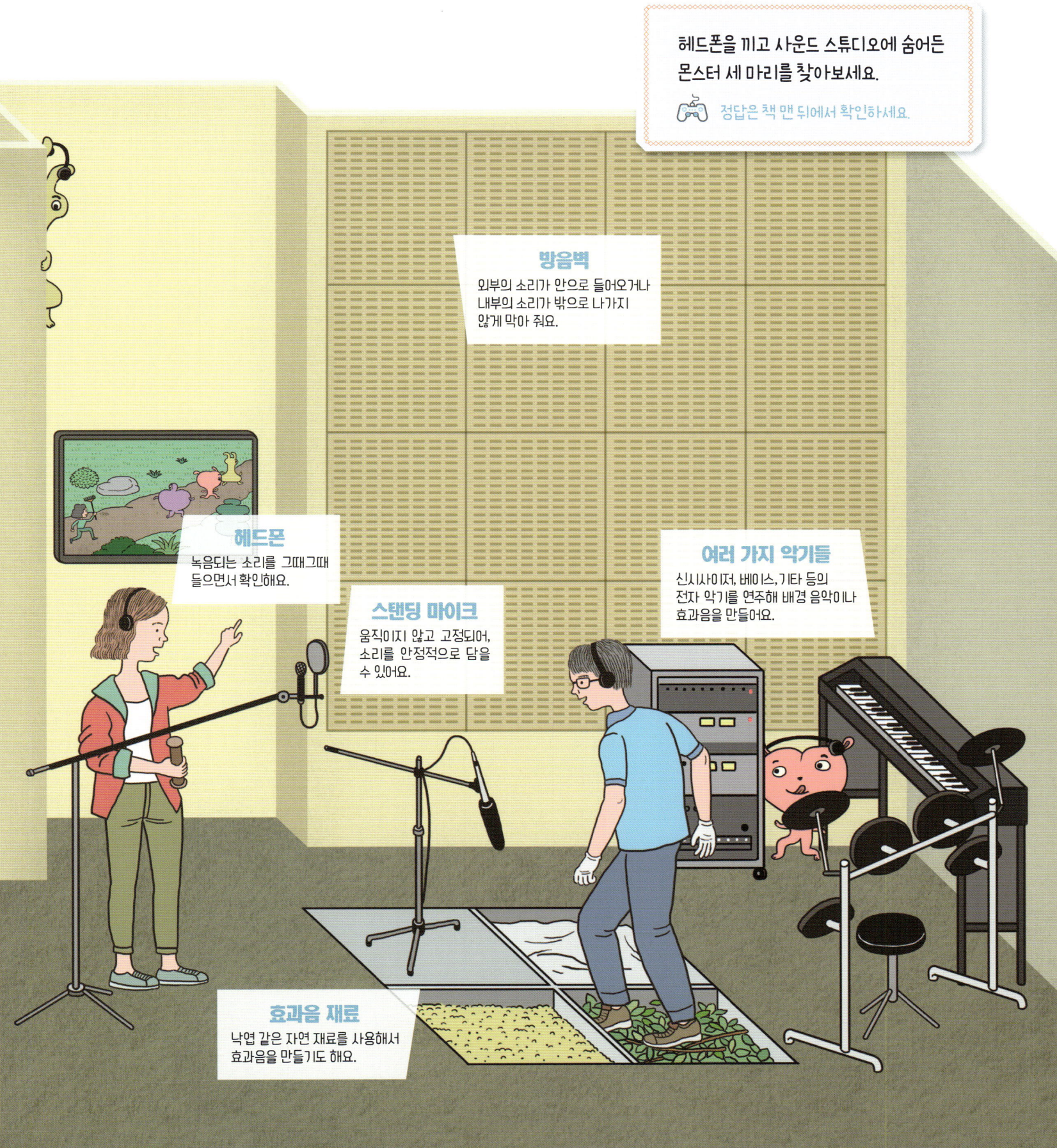

사운드 디자이너

사운드 디자이너는 게임할 때 생동감이 들도록 소리를 디자인하는 사람이에요.
배경 음악, 캐릭터의 목소리, 효과음 등 게임 속의 모든 소리를 기획하고 만들지요.
사운드 디자이너가 어떻게 다양한 소리를 만들어 내는지 한번 살펴볼까요?

배경 음악을 만들어요

게임 분위기에 맞는 배경 음악을 기획하고 만들어요. 연주자들의 음악을 녹음하거나 작곡가에게 배경 음악을 부탁해 함께 작업하기도 하지요.

효과음을 만들어요

현장에서 효과음을 직접 녹음하거나 컴퓨터로 만들어요. 게임 속 상황에 맞는 다양한 소리, 메뉴나 대화창을 눌렀을 때 나는 소리가 모두 효과음이에요.

캐릭터 대사를 녹음해요

성우가 게임 속 캐릭터의 대사를 읽으면 이를 녹음하고, 게임 장면에 맞춰 활용해요.

홍보용 사운드를 제작해요

게임 소개 영상이나 광고에 쓰일 배경 음악과 효과음을 만들고, 장면에 어울리도록 다듬어요.

사운드를 편집하는 순서를 알아볼까요?

사운드 디자이너는 주로 디지털 악기나 사운드 프로그램을 이용해서 '소리 파일'을 만들어요. 그리고 여러 소리 파일의 음질을 조절하고, 잡음을 없애서 하나의 사운드로 합쳐요. 이것을 '믹싱'이라고 하지요. 마지막으로 소리가 크거나 작게 울리는 정도를 조율하고, 깔끔하고 정확한 소리를 낼 수 있도록 음색을 조정해요. 이를 '마스터링'이라고 하는데, 이 작업이 끝나면 게임 사운드가 완성돼요.

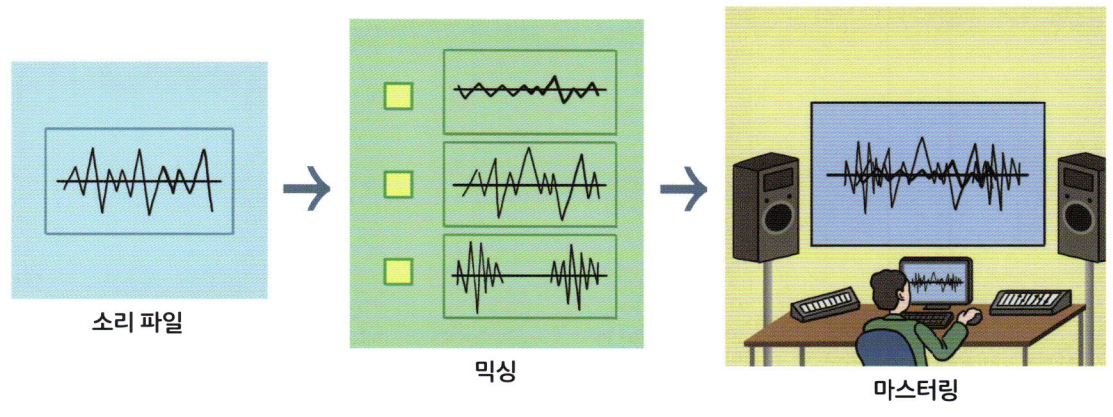

소리 파일 → 믹싱 → 마스터링

 여러분은 사운드 디자이너입니다.
아래 상황에는 어떤 효과음을 넣는 게 좋을지 글로 표현해 보세요.

레벨 업!

훈련 중

몬스터를 만나다!

예시는 책 맨 뒤에서 확인하세요.

게임 프로그래머실에서는 누가 일할까?

컴퓨터와 각종 기계가 가득한 이곳은 게임 프로그래머실이에요.
게임을 만들 때는 컴퓨터가 이해하는 언어를 사용하여 게임에 필요한 프로그램을 완성하는 클라이언트 프로그래머가 필요해요. 또 여러 사람들이 게임에 접속할 수 있도록 장소를 만드는 서버 프로그래머도 필요하지요. 지금 프로그래머들의 손이 바쁘게 움직이고 있네요.

프로그래머실

클라이언트 프로그래머

듀얼 모니터
여러 가지 작업을 동시에 처리하기 좋아요.

컴퓨터
3D 게임 프로그램을 만들 수 있는 사양을 갖추고 있어요.

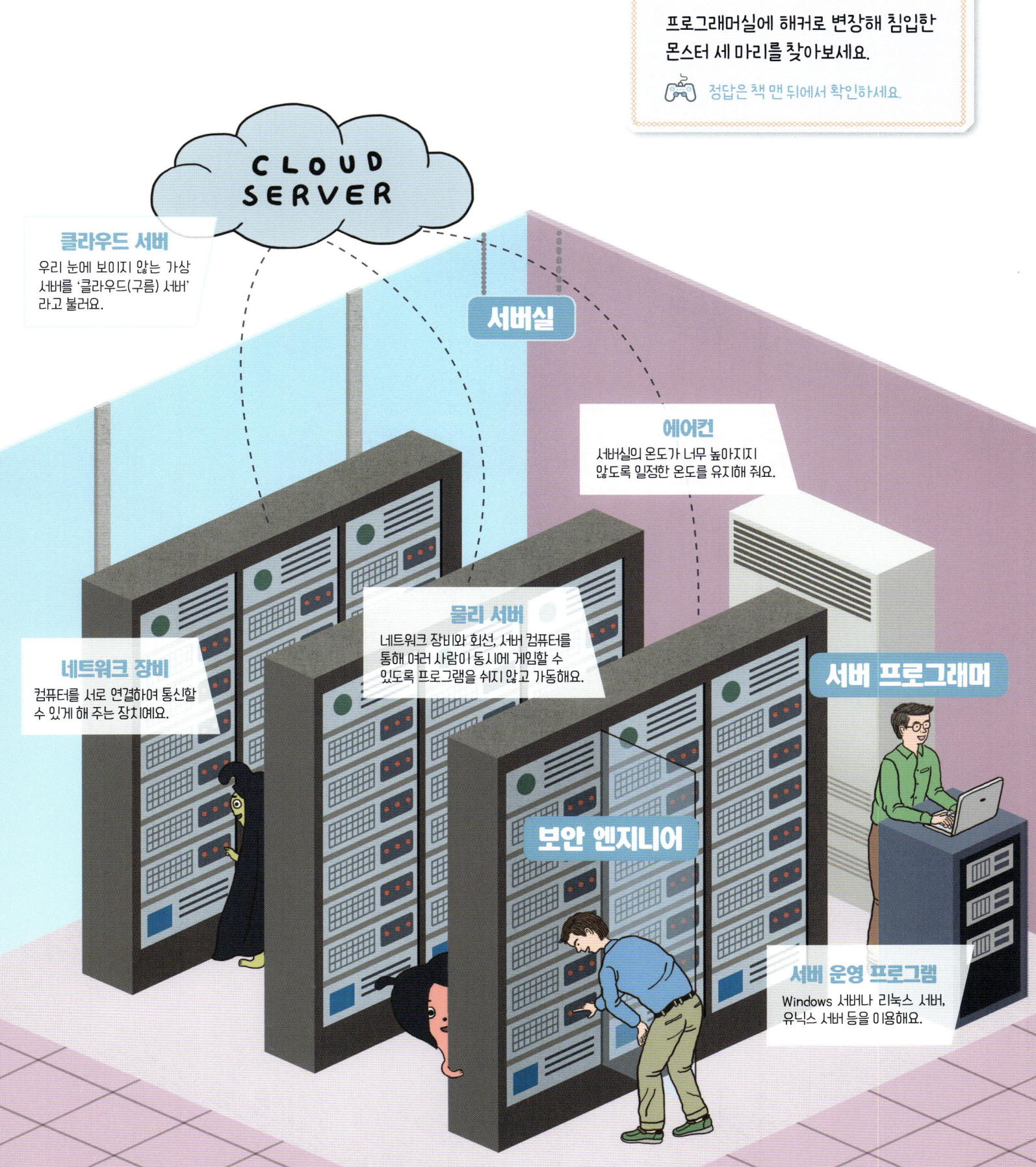

게임 프로그래머

게임 프로그래머는 컴퓨터 언어를 이용해서 게임의 프로그램을 만들고 완성하는 사람이에요. 그래픽 디자이너와 사운드 디자이너가 만든 자료를 받아서 기획안에 맞게 게임에 적용하지요. 또 사람들이 게임 서버에 접속해서 문제 없이 게임을 즐길 수 있는 환경을 만들어요. 프로그래머들이 하는 일을 좀 더 자세히 알아볼까요?

클라이언트 프로그래머

게임의 여러 기능을 코딩해요

키보드와 마우스를 조작하는 대로 게임 속 캐릭터가 움직이거나 화려한 기술을 사용할 수 있도록 프로그램을 코딩해요. 컴퓨터가 해야 할 일을 컴퓨터가 알아들을 수 있는 언어로 입력해 주는 것을 '코딩'이라고 하지요.

컴퓨터에 버그가 나타났다고?

1945년 미국의 프로그래머 그레이스 하퍼는 갑자기 컴퓨터 상태가 이상해지자 컴퓨터를 열어 봤어요. 그랬더니 컴퓨터 회로에 죽은 나방이 끼어 있는 거예요. 이때부터 컴퓨터나 프로그램에 생기는 오류를 '버그(벌레)'라고 부르게 되었어요. 대부분 코딩이 잘못됐을 때 버그가 생기기 때문에 프로그래머가 버그를 고치는 작업을 '디버깅'이라고 불러요.

3D 그래픽을 진짜처럼 만들어요

3D 이미지가 화면에서 자연스럽게 보이도록 그래픽 특수 효과를 만들어 조절해요.

사운드가 잘 나오게 해요

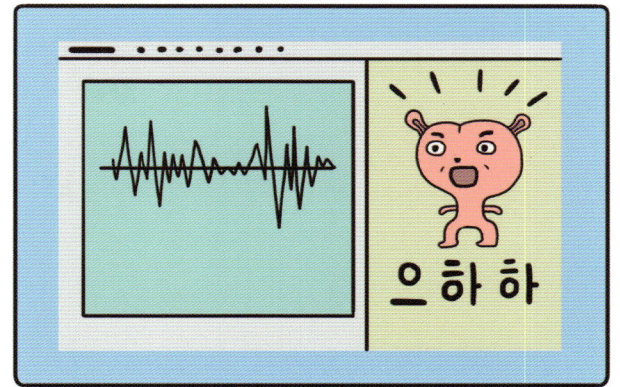

게임 안에서 배경 음악과 효과음 등 사운드가 장면에 알맞게 나오도록 프로그램을 완성해요.

게임을 만들 때는 알고리즘이 중요해요!

알고리즘은 문제를 논리적으로 풀어 나가는 방법과 순서를 말해요. 게임을 만들 때도 알고리즘이 필요해요. 게임 속 다양한 상황들을 만들고, 어떻게 행동할지 결정해 주는 알고리즘이 완성되면 프로그램 언어로 작성해서 게임을 완성하지요.

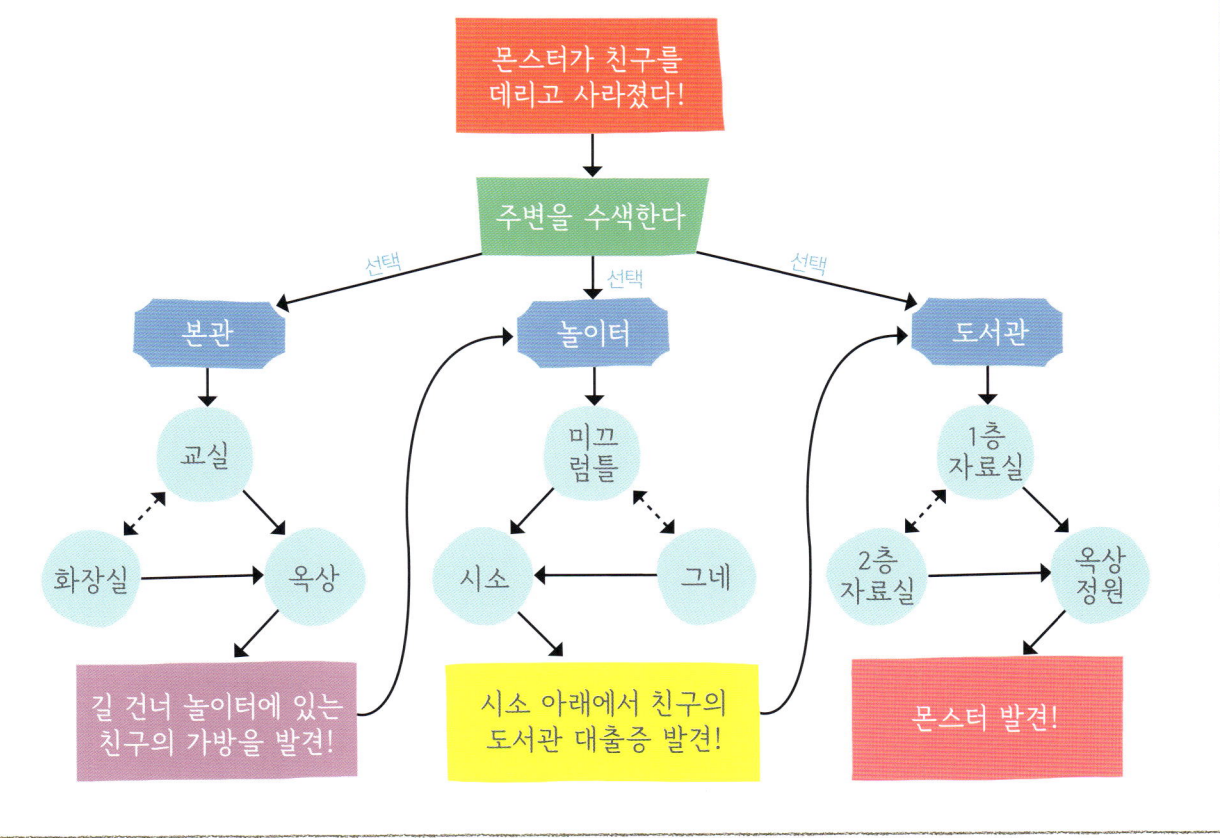

서버 프로그래머

네트워크를 설계해요

게임 서버
네트워크를 통해 여러 사용자가 함께 모여서 게임을 즐길 수 있는 가상의 공간이에요. 서버 프로그래머는 이러한 가상 공간을 만들어서 사람들이 함께 게임을 즐길 수 있도록 해 주지요.

여러 사람이 네트워크에 접속해 게임을 즐길 수 있도록 게임 서버를 설계하고, 관련된 프로그램을 만들어요.

데이터를 저장해요

게임하는 사람의 정보와 게임에서 얻은 기록을 저장하는 데이터베이스(DB)를 만들어요.

서버를 안전하게 지켜요

게임 아이디(ID)처럼 중요한 데이터는 비밀 코드로 바꾸고, 서버를 암호화해서 지켜요.

정보를 훔치는 도둑, 해커!

네트워크 안에는 많은 데이터가 저장돼 있어요. 이런 데이터에 몰래 접속해서 정보를 빼내는 사람을 해커라고 하지요. 중요한 개인 정보나 결제 내용 등을 몰래 빼내는 일은 법을 어기는 것이므로 절대 하면 안 돼요!

도전! 몬스터가 친구를 데리고 도서관에 숨어들었어요.
헌터가 되어 학교 정문에서 도서관까지 어떤 경로로 친구를 구하러 갈 것인지
아래 조건을 모두 만족하는 알고리즘을 생각해 보세요.

❶ 가장 빠른 길로 간다!
❷ 동료 헌터를 만나 함께 간다!
❸ 창고에 들러 무기를 가지고 간다!

정답은 책 맨 뒤에서 확인하세요.

국제 게임 전시장에서는 누가 일할까?

국제 게임 전시장은 전 세계의 게임 회사가 참여하는 큰 행사가 열리는 곳이에요. 전시회를 찾은 관객들에게 최신 게임과 VR 기기를 소개하고 시상식, 콘서트 등 다양한 이벤트를 마련하지요. 지금 국제 게임 전시장에서 각 나라의 게임 운영자와 게임 마케터가 새로 나올 게임에 대한 정보를 나누고, 사람들에게 소개하고 있어요.

새로운 게임 시연회
새로 나온 게임을 관객들이 체험해 볼 수 있어요.

게임 음악 콘서트
게임 배경 음악을 감상할 수 있어요.

해외 투자 마켓
해외 게임 관계자들과 만나서 사업 파트너 계약과 수출에 관해 의논해요.

게임 마케터

게임 기업 채용 박람회
게임 회사에서 일하고 싶은 사람들을 상담하고 취업 정보를 알려 줘요.

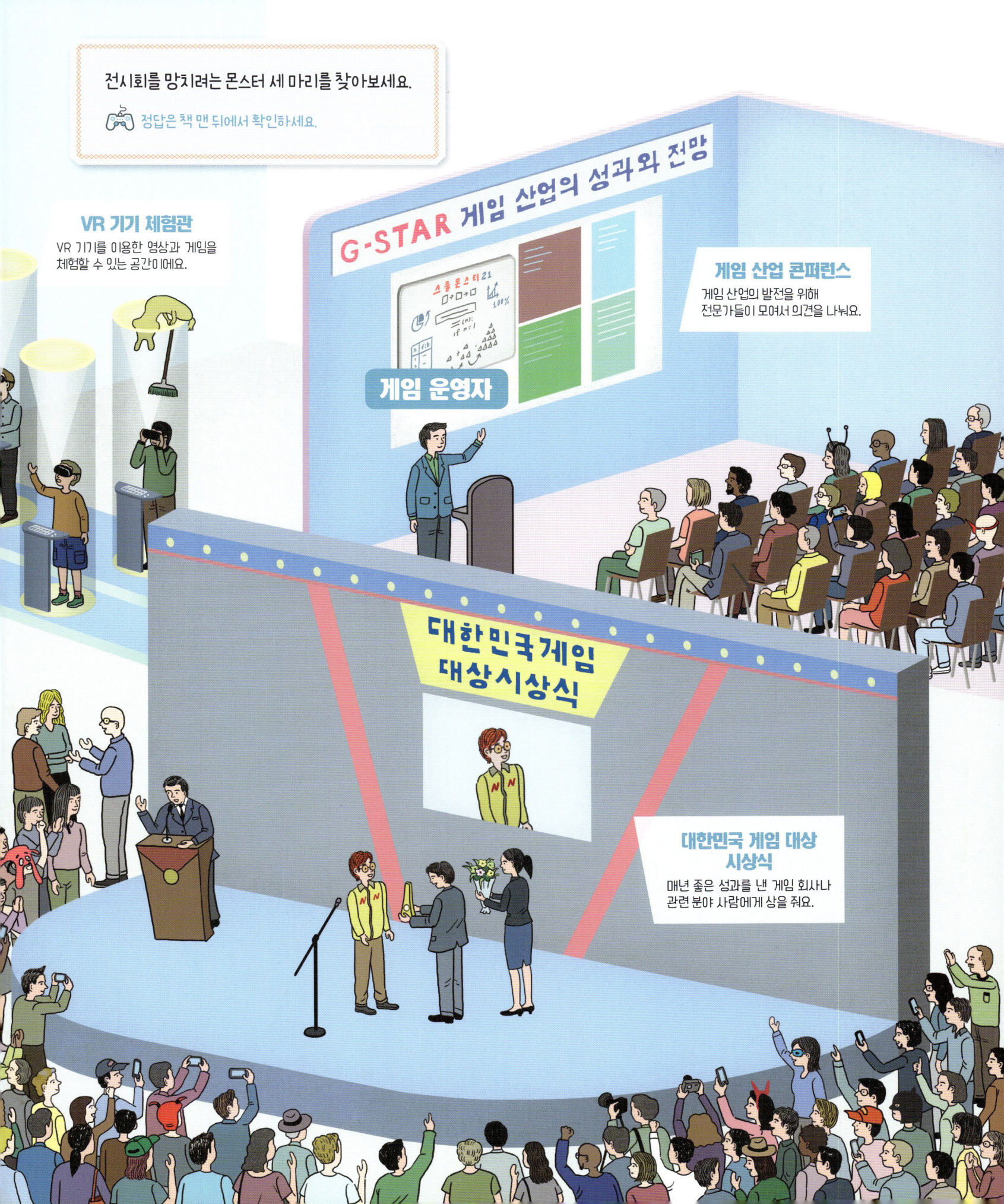

게임 마케터와 게임 운영자

게임 마케터와 게임 운영자는 게임 이용자들을 가장 가까이에서 만나는 사람들이에요.
마케터는 새로운 게임이 나오기 전에 홈페이지, 소셜 미디어, TV 등을 통해 게임을 알려요.
운영자는 사람들이 게임을 좀 더 재미있게 즐길 수 있도록 관리하지요.
게임 마케터와 게임 운영자가 하는 일을 좀 더 알아볼까요?

게임 마케터

마케팅 계획을 세워요

새로 나올 게임을 사람들에게 어떻게 알릴지 계획을 세워요. 어떤 경로를 통해 사람들에게 알릴 것인지, 어떤 장점을 부각시킬 것인지 의논하지요. 또 여러 회사와 만나 함께할 수 있는 제휴 이벤트 등을 논의하기도 해요.

다른 나라에도 게임을 소개해요

새로 나온 게임을 다른 나라에 수출하거나 해외 게임을 우리나라에 소개해요. 게임 산업의 수입과 수출이 많아져 최근에는 해외사업부를 따로 만들기도 해요.

게임을 사람들에게 널리 알려요

게임이 새로 나오거나 업데이트되면 광고 영상이나 배너를 만들어서 홈페이지, 소셜 미디어, TV 등에 널리 알려요. 또 다양한 이벤트를 만들어서 사람들의 관심을 모으지요.

국제 게임 전시회

세계 3대 국제 게임 전시회로는 미국의 이쓰리(E3), 독일의 게임스컴(Gamescom), 일본의 도쿄 게임쇼가 있어요. 최근에는 우리나라 부산에서 매년 11월에 열리는 지스타(G-Star)에도 많은 사람들의 관심이 쏠리고 있지요.

게임 운영자

게임을 모니터링해요

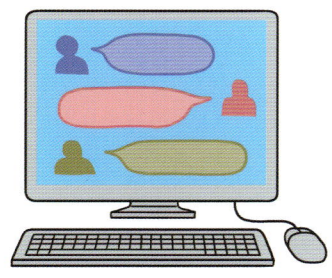

게임하는 사람들의 질문에 대답해 주고, 건의 사항도 확인해서 기획자와 프로그래머들에게 전달해요. 또 게임 커뮤니티 등에 올라오는 다양한 의견을 살피지요.

게임을 운영하고, 이벤트를 진행해요

게임을 하는 사람들이 즐겁고 편하게 게임을 즐길 수 있도록 운영 정책을 만들고, 이벤트를 진행해요.

게임이 나오기 전에 테스트해 보자!

게임이 완성되면 문제(버그)가 없는지 여러 팀이 힘을 합쳐 테스트를 해요. 고쳐야 할 사항이나 새롭게 추가할 기능은 없는지 파악하기 위해서지요. 500~3,000명 정도의 이용자를 모아 테스트하는 '클로즈 베타 테스트'를 하고 나면, 누구나 테스트에 참여할 수 있는 '오픈 베타 테스트' 기간을 거쳐요. 이후 문제가 있으면 수정하고 정식으로 게임을 출시해요.

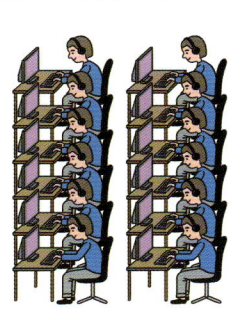

도전! 여러분은 게임 마케터입니다.
새로 출시한 〈스쿨 몬스터21〉 게임을 소개하는 문구를 생각해 보세요.

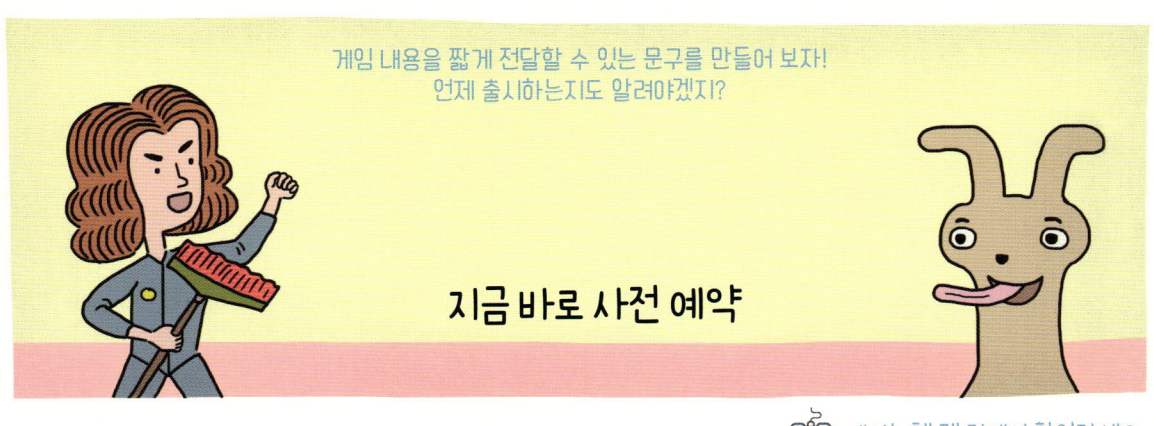

예시는 책 맨 뒤에서 확인하세요.

4-5p

8-9p

13p

게임 제목	스쿨 몬스터 21		
줄거리	몬스터 세 마리가 학교에 침입해 아이들을 잡아간다. 헌터들이 몬스터와 맞서 아이들을 구한다.		
게임 종류	아케이드 게임 / 시뮬레이션 게임 / ⬭롤플레잉 게임⬬		
주인공	이름 레아	특징 빗자루를 잘 사용함. 빗자루를 타고 날아다니다가 몬스터를 만났을 때는 무기로 활용한다.	
퀘스트	퀘스트 1	퀘스트 2	퀘스트 3
	몬스터가 남긴 발자국 3개를 찾아보세요.	몬스터를 무찌를 무기 3개를 모으세요.	동료 헌터를 만나 힘을 합치세요.
	완료보상 1	완료보상 2	완료보상 3
	황금 빗자루 1개	에너지 볼 10개	울트라 신발 5개

14-15p

18-19p

21p

22-23p

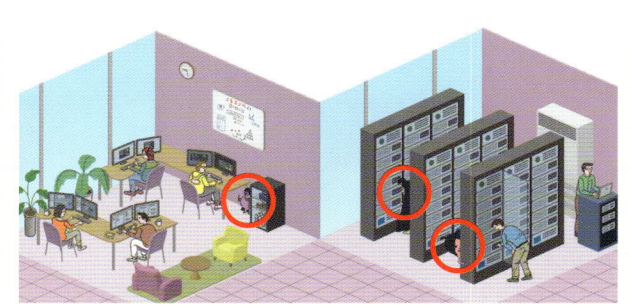

27p

28-29p

31p

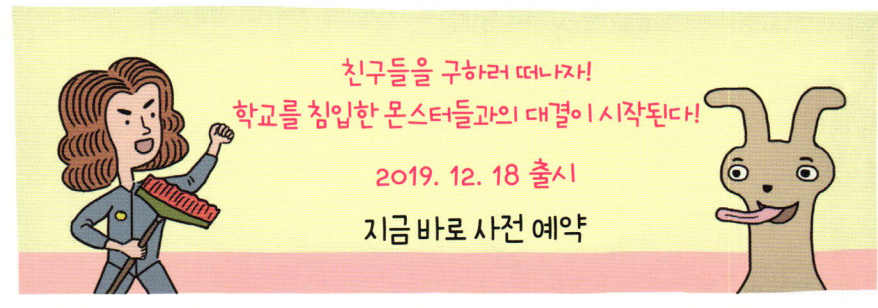

새로운 게임이 만들어지기까지

재미있는 게임 아이디어를 떠올리고 프로그램을 만든 뒤, 출시해서 여러 사람이 함께 즐기기까지 게임 회사 사람들이 어떤 과정을 거치는지 한번에 살펴볼까요?

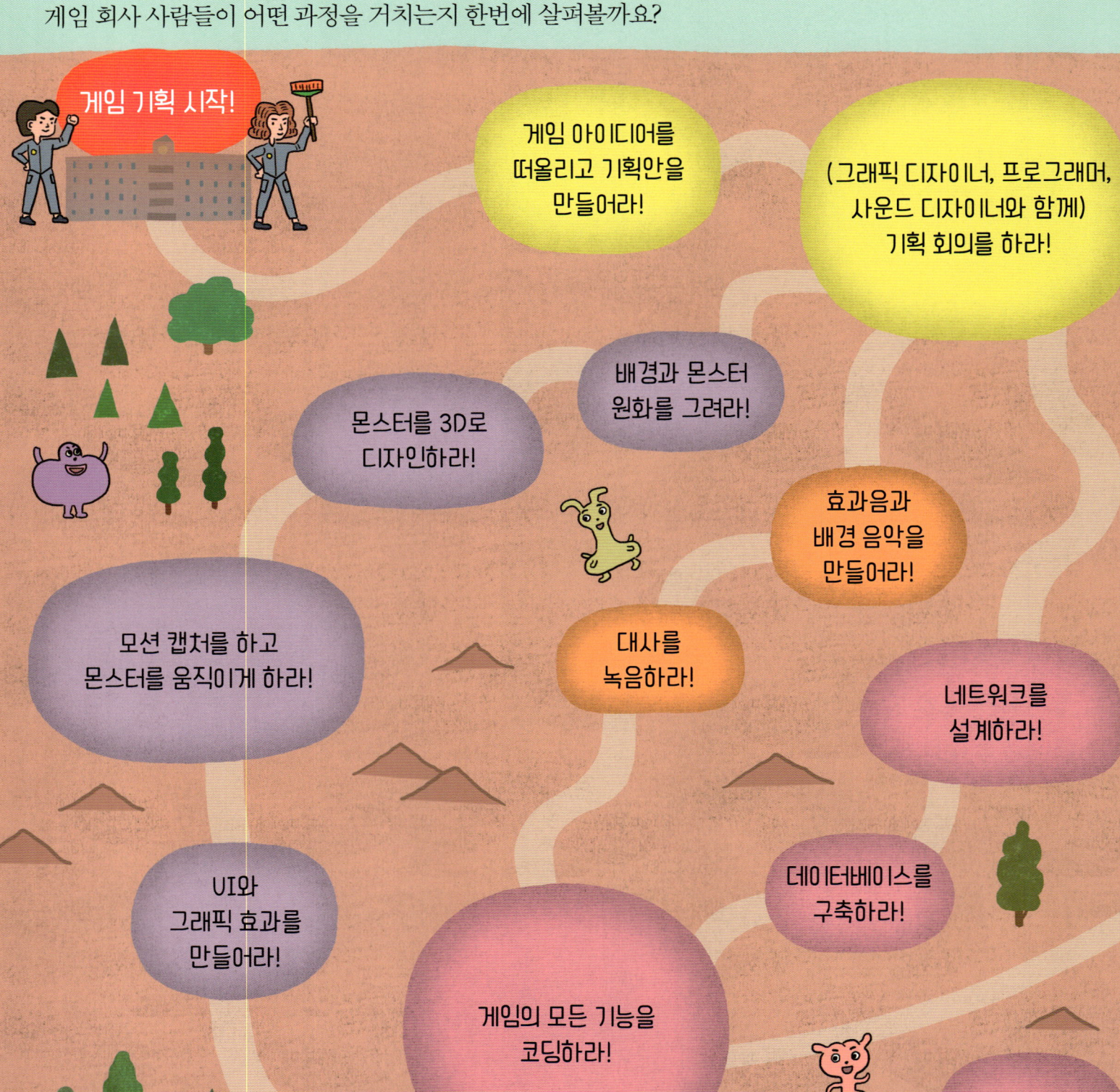